Hakan Özcan

Konflikte im Strukturvertrieb einer Versicherung

GRIN Verlag

Bibliografische Information der Deutschen Nationalbibliothek:

Die Deutsche Bibliothek verzeichnet diese Publikation in der Deutschen National-bibliografie; detaillierte bibliografische Daten sind im Internet über http://dnb.d-nb.de/ abrufbar.

Impressum:

Copyright © 2014 GRIN Verlag GmbH
Druck und Bindung: Books on Demand GmbH, Norderstedt Germany
ISBN: 978-3-656-76611-7

Dieses Buch bei GRIN:

http://www.grin.com/de/e-book/281139/konflikte-im-strukturvertrieb-einer-versi-cherung

GRIN - Your knowledge has value

Der GRIN Verlag publiziert seit 1998 wissenschaftliche Arbeiten von Studenten, Hochschullehrern und anderen Akademikern als eBook und gedrucktes Buch. Die Verlagswebsite www.grin.com ist die ideale Plattform zur Veröffentlichung von Hausarbeiten, Abschlussarbeiten, wissenschaftlichen Aufsätzen, Dissertationen und Fachbüchern.

Besuchen Sie uns im Internet:

http://www.grin.com/

http://www.facebook.com/grincom

http://www.twitter.com/grin_com

Hakan Özcan
Konflikte im Strukturvertrieb einer Versicherung

FOM Hochschule für Oekonomie und Management Hamburg

Studiengang: Wirtschaftsrecht - Bachelor of Laws LL.B

Fach/Modul: Mediation & Kommunikation

Inhaltsverzeichnis

Vorwort

Diese Ausarbeitung wurde neben den Literaturangaben auf Basis von eigenen Erfahrungen und Erlebnissen, welche in mehr als 5 Jahren in der Versicherungsbranche gesammelt wurden, geschrieben. Durch das Anwenden der
10 Systemgesetze sind die Systemgesetzverletzungen transparenter gestaltet
und gut zu erkennen. Alle Situationen der Systemgesetzverletzungen sind
reale Situationen, die im Versicherungsvertrieb häufig vorkommen. In dieser Ausarbeitung wird je Systemgesetz eine Situation beschrieben, in dem
das Gesetz verletzt wird. Im Anschluss ist eine Maßnahme zur Linderung
der Verletzung aufgezeigt. Vorher jedoch wird die Mediation erörtert und
der Strukturvertrieb einer Versicherung beschrieben. Letztlich folgt das Fa-
zit.

Was ist Mediation

Mediation ist ein Prozess der Kommunikation und des Verständnisses[1]. Es
ist ein Verfahren zu Vermittlung bei Konflikten, wobei die Konfliktpartner
zwei oder mehrere Parteien seien können[2]. Im Wesentlichen orientiert sich
das Mediationsverfahren an bestimmte Grundprinzipien, Phasen und Tech-
niken und definiert dabei die Rolle des Mediators auf die jeweilige kultur-
spezifische Art und Weise[3]. Oft wird die Mediation als ein außergerichtli-
ches Konfliktlösungsverfahren beschrieben, in dem eine neutrale dritte Person ohne Entscheidungsbefugnis in einem konkreten Fall die Konfliktparteien bei der eigenverantwortlichen Entwicklung einer Lösung unterstützt[4].
Eine bewährte Methode für die Mediation ist das Harvard-Konzept, wobei
davon ausgegangen wird, dass eine kooperative Grundhaltung in Kombina-
tion mit sachlicher Konsequenz in einer erfolgreichen Konfliktlösung mün-
det[5]. Unter dem Harvard-Konzept ist viel mehr als nur eine bloße Technik
zu verstehen, denn eigentlich steht eine Philosophie dahinter, mit dem Ziel,

---

[1] Weh / Enaux, S. 204.
[2] Seils / Oboth, S. 11.
[3] Mayer / Boness, S. 33.
[4] Schmelz-Buchhold, S. 40.
[5] Weh / Enaux, S. 177.

dass alle Beteiligten am Prozess einen Mehrwert erhalten[6]. Es entsteht also eine win-win Situation. Unter Mediation ist auch im engeren Sinn ein Teilbereich jeglicher Form der Konfliktbeilegung zu verstehen[7]. Da die Mediation keine rechtskräftige Wirkung hat, ist die Voraussetzung eines Mediationsverfahrens, dass die Teilnehmer sich an die Abmachungen die vor und während des Verfahrens stattfinden, halten. Die Mediation kann bei Konflikten im Privatleben sowie auch im Berufsleben angewandt werden, denn Konflikte entstehen überall wo Menschen sind.

Der Strukturvertrieb einer Versicherung

Versicherungen zahlen Provision. Diese Belohnung soll die Versicherungsvertreter motivieren Versicherungen zu verkaufen. Für viele Versicherungsvertreter ist dies die einzige Einnahmequelle, da sie kein festes Gehalt sondern lediglich erfolgsabhängig also die Provision für die vermittelten Versicherungen erhalten. Es gibt diverse Vertriebs- und Vergütungssysteme bei Versicherungen. Ich werde im Folgenden auf den Strukturvertrieb (auch Pyramidensystem genannt) eingehen.

Der Strukturvertrieb funktioniert im Idealfall folgendermaßen:

Ein Versicherungsvermittler vermittelt Versicherungen. Dieser erhält dafür Provision und fragt im Anschluss des erfolgreichen Verkaufsgespräches den (noch) Kunden ob er Lust und Interesse hat, auch Versicherungen zu Vermitteln. Dem Kunden klingt dieses Angebot lukrativ und er entscheidet sich dafür. Das gleiche macht der Versicherungsvermittler bei seinen nächsten Kundengesprächen. Auch in seiner Freizeit versucht er weitere neue Vermittler zu werben. Er nutzt jede Gelegenheit neue Vertriebspartner zu gewinnen und ist dabei auch erfolgreich. Die geworbenen Vertriebspartner sind dem Vermittler direkt unterstellt. Nun zieht der eben noch Kunde, jetzt Vertriebspartner los und Vermitteln die Versicherungen. Zuerst wird der nächste Freundes- und Familienkreis durchforstet. Anschließend wird auch

---

[6] Fischer / Ury / Platton, S. 11.

[7] Warwel, S. 2.

jeder neue Kontakt genutzt um weitere Vertriebspartner zu gewinnen. Die neuen Vertriebspartner vermitteln die Versicherungen und werben gleichzeitig neue Vertriebspartner, welche genauso vorgehen. Es wird quasi eine Pyramide aufgebaut, daher auch der Name. Jeder neue Vertriebspartner ist demjenigen unterstellt, von dem er geworben wird.

Um in dem Pyramidensystem in die nächst höhere Stufe zu gelangen muss der Versicherungsvermittler eine bestimmte Anzahl von Versicherungen vermitteln und eine bestimmte Anzahl von neuen Vertriebspartner werben. An jeder vermittelten Versicherungen verdienen die dem Vermittler übergeordneten Vermittler mit, ohne wirklich aktiv zu sein.

Die Systemgesetze

Im Folgenden werden die 10 Systemgesetze ausführlich vorstellt. Sie sind nach Stärke und ihrer Wirkung, also nach Heftigkeit des verletzten Gefühls, angeordnet[8]:

Systemgesetz 1: Recht auf Zugehörigkeit.
Das allerwichtigste, denn es sorgt für das Überleben.

Systemgesetz 2: Anerkennung, Wertschätzung und Respekt.
Ohne Anerkennung kann kein System funktionieren.

Systemgesetz 3: Gleichgewicht von Geben und Nehmen.
Jeder hat ein Gefühl dafür, ob es ausgeglichen ist. Die Frage lautet: Wer oder was ist wichtiger?

Systemgesetz 4: Früher von Später.
Gesetze 4-6 ergeben eine Ordnung oder Reihenfolge in sich. Danach hat Gesetz 4 Vorrang vor Gesetz 5 und Gesetz 5 hat Vorrang vor Gesetz 6.

---

[8] Bischop S. 23 + 24.

Systemgesetz 5: Höhere Verantwortung / höherer Einsatz hat Vorrang.

Vorrang wird durch Anerkennung gezeigt.

Systemgesetz 6: Mehr Kompetenz / mehr Wissen hat Vorrang.

Anerkennung zeigen heißt, anerkennend handeln.

Systemgesetz 7: Neues System vor altem System.

Gilt nur, wenn alle sechs vorherigen Systemgesetze eingehalten werden.

Systemgesetz 8: Gesamtsystem vor Einzelperson oder Untersystem.

Führt oft zu Systemgesetzverletzungen, wenn nicht Gesetz 9 angewandt wird.

Systemgesetz 9: Aussprechen / Anerkennen was ist.

Gesetze 9 und 10 sind die beiden Schlüssel, entweder zum Lösen von Systemgesetzverletzungen oder bei beabsichtigter Umkehrung der Ordnung der Gesetzte 4-6.

Systemgesetz 10: Ausgleich schaffen.

Ausgleich schaffen ist er dann möglich, wenn Systemgesetz 9 durchgeführt wurde.

Systemgesetzverletzungen im Strukturvertrieb

Als Führungskraft oder Mitarbeiter einer Organisation ist Teil der Aufgaben, Probleme zu lösen. Anhand der 10-Systemgesetze werde ich die Systemgesetzverletzungen in den jeweiligen Situationen aufzeigen und Maßnahmen zur Vermeidung oder Lösung von Konflikten darlegen.

Syst. 1 Recht auf Zugehörigkeit

Sobald ein neuer Vertriebspartner geworben wird, wird dieser gewöhnlich geschult. Der neue Vertriebspartner möchte zu dem Team gehören und sich wohlfühlen. Da der Werber des neuen Vertriebspartners das Talent des neuen Kollegen bereits früh erkannt hat, will er ihn mit dem Einstiegsseminar nicht langweilen und meldet ihn dazu auch nicht an. In diesem Fall wird

Systemgesetzt 1 Verletzt. Der Neuling fühlt sich ausgeschlossen und als Folge davon fühlt er sich schlecht. Der Werbe muss den Neuling verdeutlichen, dass er ihn nicht ausschließen wollte. Um die Verletzung aufzulösen reicht es oft nicht aus, die positive Absicht anzusprechen. Der Werber müsste hierfür auf den neuen Kollegen zugehen und sich entschuldigen. Dabei sollte er ihm auch mitteilen, dass es nicht seine Absicht war ihn auszuschließen. In Zukunft wird er von Beginn an seine positive Absicht kommunizieren.

Syst. 2 Anerkennung, Wertschätzung und Respekt

Oft ist es so, dass die besten Vertriebspartner bei größeren und regelmäßigen Veranstaltungen gelobt und geehrt werden. Die Vertriebspartner mit durchschnittlichen Leistungen werden außen vor gelassen. Viele Führungskräfte denken, dass zu viel Anerkennung, die Vertriebspartner demotiviert. Tatsächliche ist es aber das Gegenteil. Die Motivation und der Ehrgeiz wird durch die Anerkennung, die Wertschätzung und dem Respekt der geleisteten Arbeit gesteigert und gefördert. Nicht selten kommt es vor, dass sich die einzelne Person sehr viel Mühe gibt, jedoch aus diversen Gründen nicht so erfolgreich ist, wie erwartet. Genau hier bedeutet es den Vertriebspartner sehr viel, wenn der Vorgesetzte die geleistete Arbeit wert zu schätzen. Der Respekt ist also auch bei Vertriebspartner mit durchschnittlichen Leistungen oder auch nicht so guten Leistungen wichtig. Es reicht oft schon die Anerkennung für das Erreichen kleinerer Ziele wie zum Beispiel das Vereinbaren von Kundengesprächen. Immerhin ist das der erste Schritt zum Erfolg.

Syst. 3 Gleichgewicht von Geben und Nehmen

Die Vertriebspartner in den höheren Ebenen wollen, dass die Vertriebspartner unter ihnen viele Versicherungen vermitteln. Sie verdienen nämlich an jeder vermittelten Versicherung der Vertriebspartner unter ihnen mit. Da die Vertriebspartner in den höheren Ebenen mehr damit beschäftigt sind, neue Kollegen zu werben, haben Sie in der Regel wenig Zeit für die bereits geworbenen Vertriebspartner. Diese benötigen nämlich die entsprechenden Schulungen und Seminare um erfolgreiche Verkaufsgespräche durchführen zu können. Es ist nicht die Absicht die neuen Kollegen nicht zu schulen, jedoch wird hier trotzdem Systemgesetz 3 verletzt. Der Vertriebspartner in der höheren Ebene muss in diesem Fall auf die neuen Kollegen zu gehen und sich dafür entschuldigen. Er sollte ihnen auch mitteilen, dass es nicht seine Absicht war, sie ohne entsprechende Schulungen zu Kundengesprächen zu schicken und dann auch noch eine hohe Quote an vermittelten Versicherungen zu erwarten. Er sollte also erst Zeit in die Schulungen investieren, um dann auch die Ernte der Investition in diesem Fall der Anschlich einer Versicherungen und somit Provision zu erhalten.

Syst. 4 Früher von Später

Wer zuerst kommt Malt zuerst. So Ähnlich läuft es auch im Vertrieb. Für ihre Beratungsgespräche gehen die Vertriebspartner meistens zu den Kunden. Manchmal jedoch kommen die Kunden für die Beratung in die Agentur des Vertriebspartners. In diesem Fall hat der Kunde bereits einen festen Berater. Ausgerechnet an diesem Tag ist der Berater Krank. Ein neuer Kollege sieht diese als die Gelegenheit eine Versicherung unter seinem eigenen Namen zu Vermitteln. Es kommt zu einem erfolgreichen Abschluss einer Versicherung. Dem neuen Kollegen wird die Provision gutgeschrieben. Als der eigentliche Berater und der Vorgesetzte dieses Vorgehen mitbekommen, wird die gutgeschriebene Provision storniert. Denn hier wurde Systemgesetz 4 verletzt. Dem neuen wird Kollegen wird der Ablauf in solchen Fällen erklärt. Wer zuerst eine Versicherung an einen Kunden Vermittelt, wird fester Berater und Ansprechpartner für diesen Kunden. Wer Später diesen Kunden eine Versicherung vermittelt erhält keine Provision dafür. Um das Missverständnis und die Spannung zwischen den betroffenen zu legen sollte der neue Kollege aussprechen, dass es ihm Leid tut. Der dienstältere Kollege sollte diesen Vorfall tolerieren und dem neuen Kollegen sagen, dass er es nicht wissen konnte. So ist die Systemgesetzverletzung geheilt.

Syst. 5 Höhere Verantwortung / höherer Einsatz hat Vorrang

Versicherungen wollen Gewinne erwirtschaften, denn die Aktionäre wollen Dividenden gezahlt bekommen. Dies zwingt das Top-Management Kostensparprogramme durchzuführen. Zu Beginn wird am höchsten Kostenfaktor also bei den Mitarbeiten begonnen. Es werden Mitarbeiter entlassen. Natürlich werden nicht alle Entlassen. Um den Vertrieb so effizient wie möglich zu gestalten, werden die Vertriebspartner mit höheren Einsatz gehalten und jene mit weniger Leistung und Einsatz entlassen. Für die entlassenen Kollege ist es eine enorme Umstellung. Sie müssen sich einen neuen Job suchen. Sie sind Verzweifelt, enttäuscht und deprimiert. Dieses Vorgehen sollten sie aber dem Top-Management nachsehen. Da sie nicht alle Mitarbeiter halten können versuchen sie das Beste draus zu machen. Sie handeln Systemgesetz 5 konform. Mitarbeiter mit höherem Einsatz haben Vorrang. Natürlich ist es nicht einfach, solche Entscheidungen zu treffen daher ist es auch nachvollziehbar, das die entlassenen Vertriebspartner verletzt sind. Sie sollten sich aber mal in die Lage des Top-Managements versetzen und sich überlegen wie sie dieses Problem lösen würden. Die meisten von ihnen würden wahrscheinlich genauso handeln. Die entlassenen Kollegen sollten es den Verantwortlichen nicht übel nehmen, denn sie machen auch nur Ihren Job. Genauso sagen sie es auch bei der Betriebsversammlung. Vielleicht lindert aber die Abfindung die Verletzung der Entlassenen Vertriebskollegen etwas.

Syst. 6 Mehr Kompetenz / mehr Wissen hat Vorrang

Nicht jeder Vertriebspartner kennt sich in jeder Versicherungssparte aus. Jeder hat seine eigenen Stärken. So holt sich der Vertriebspartner bei einem Beratungsgespräch einer nicht vertrauten Sparte, den jeweilige Kollege, welcher mit dieser Sparte vertraut ist, mit in das Beratungsgespräch. Mit verhältnismäßig weniger Aufwand verdient dieser an der vermittelten Versicherung mit. In so einem Fall werden die andern Kollegen außen vor gelassen. Es wird der Kollege mit der meisten Kompetenz und dem meisten Wissen in dem Bereich zum Beratungsgespräch mitgenommen. Um die Kränkung der anderen Kollegen aufzuheben sollte die Entscheidung mit der Begründung dargelegt werden, dass der auserwählte Kollege das meiste Wissen in dem Bereich hat und dass es nicht die Absicht war die anderen Kollegen zu verletzen. Die anderen Kollegen sollten die Entscheidung akzeptieren und es dem Kollegen nicht übel und nicht persönlich nehmen. So ist die Systemgesetzverletzung wieder geheilt.

Syst. 7 Neues System vor altem System

In der Versicherungsbranche spielt die Informationstechnologie eine wichtige Rolle. Daher werden Veraltete Kundendatenbanken und Programme zur Prämienberechnung durch neue und fortgeschrittene Programme ersetzt. Dies ist eine enorme Umstellung für viele alt eingesessene Vertriebspartner. Das neue Programm hat ein anderes Layout, daher fällt ihnen die Bedienung schwer. Der Vertriebsvorstand hat sich aber nun für das neue System entschieden und es wurde nun auch eingeführt, sodass es kein Zurück mehr gibt. Viele Mitarbeiter kommen zu Beginn mit dem neuen System nicht klar. Sie beklagen sich ständig da es nicht benutzerfreundlich ist. Hier sollte der Vertriebsvorstand sich an die Mitarbeiter wenden und ihnen mitteilen, dass es ein innovatives neues System ist, welches viel mehr kann als das alte System. Er sollte ihnen die Vorteile aufzeigen und ihnen sagen, dass es nicht seine Absicht war die Kollege zu verärgern und gleichzeitig sollten Fachleute den Vertriebspartner das neue System im Detail erklären. Mit diesem entgegenkommen sollte der Vertriebsvorstand die Verärgerung der Kollegen beilegen und Sie Motivieren, zukünftig mit dem neuen System zu arbeiten.

Syst. 8 Gesamtsystem vor Einzelperson oder Untersystem

Hin und wieder wechselt der Vertriebsvorstand einer Versicherungsgesellschaft. Ein Grund dafür kann das „altmodische" Management des bisherigen Vorstands sein. Ein anderer Grund kann das altersbedingte Ausscheiden des bisherigen Vorstands sein. Um frischen Fahrtwind in den Vertrieb zu bringen, wird oft eine externe Person auf diesen Posten gesetzt. Diese Person kommt aus einer anderen Firmenkultur und hat dementsprechend andere Ideen und Vorstellungen. Bei der Umsetzung seiner Ideen, die er teilweise auch bei seinem vorherigen Arbeitgeber erfolgreich angewandt hat, stößt er auf Wiederstände. Diese entsprechen nämlich nicht den allgemeinen Grundsätzen des Unternehmens. Nach kurzer Zeit erkennen außer den Vertriebspartner auch Vorstandskollegen dieses Vorgehen und legen dem relativ neuen Kollegen den Rücktritt nahe. Der aktuelle Vertriebsvorstand mit seinen neuen Ideen und wird vom gesamten Vorstandsgremium ausgeschlossen. Sie erkennen die Trennung vom ehemaligen Vertriebsvorstand als Fehlentscheidung an und holen den bereits aus dem Unternehmen ausgeschiedenen Vertriebsvorstand zurück. In diesem Fall ist das Gesamtsystem in Gefahr und dementsprechend darf auch eine einzelne Person ausgeschlossen werden.

Syst. 9 Aussprechen / Anerkennen was ist

Die Ordnung der Systemgesetze 4-6 lässt sich umstellen. Dabei ist es aber die Bedingung, dass sowohl die alte Ordnung ausgesprochen wird und auch die Anerkennung und Ausgleich gegeben ist[9]. Allerdings muss erst die Anerkennung beim Gegenüber ankommen, bevor über Ausgleich nachgedacht wird[10].

Syst. 10 Ausgleich schaffen

Das Top-Management hat oft einen oder mehrere Assistenten. Genau wie auch das Top-Management in einer Versicherung wechselt, wechseln auch die Assistenten. Nun wird die Assistentenstelle ausgeschrieben und es wird ein Nachfolger gesucht. Nach dem Gesetz 4 (Früher vor Später) müsste der Dienstälteste Herr A, der seit 2000 Vertriebspartner ist, auf die Stelle gesetzt werden. Das Top-Management entscheidet sich jedoch für Herrn B mit der höheren Kompetenz (Gesetz 6 höhere Kompetenz / mehr Wissen hat Vorrang), der erst seit 2010 als Vertriebspartner im Unternehmen tätig ist. Allerdings verletzt das Top-Management hierbei nicht nur Gesetz 4 sondern in Folge dessen auch noch Gesetz 1, da Herr A ausgeschlossen wird, Gesetz 2 Recht auf Anerkennung, Wertschätzung und Respekt, Gesetz 3 Recht auf Gleichgewicht, Gesetz 9 Aussprechen / Anerkennen und Gesetz 10 Ausgleich schaffen. Um diese Systemgesetze nicht zu verletzen sollte das Top-

---

[9] Bischop, S. 45.
[10] Bischop a.a.O.

Management das Gespräch mit Herrn A suchen und ihn dabei sagen, dass er zwar viel länger im Unternehmen ist, jedoch Herr B mehr Wissen und Führungskompetenz hat. Daher wird Herr B zukünftig als Assistent Arbeiten. Im Idealfall sollte Herr A nicht so sehr verletzt sein. Immerhin hat das Top-Management, welches mit viel wichtigeren Dingen beschäftigt ist das Gespräch mit Herrn A gesucht. Sie könnten Herrn A auch lediglich eine Absage per Post schicken. Herr A sollte das Gespräch wertschätzen und Anerkennen. Somit sollte auch das Verhältnis zwischen Herrn A und Herrn B auch kein Leid tragen.

Fazit

Jeder Mensch ist ein Individuum, daher lassen sich Konflikte nicht immer verhindern. Anders ausgedrückt, es wäre doch langweilig wenn es keine Konflikte geben würde. Ich finde die Mediation und die Methode der 10 Systemgesetze eine gute Basis um Konflikte zu lösen. Es ist eine gute Möglichkeit verursachte Gefühlsverletzungen an Menschen zu erkennen und wenn man einen Schritt weiter denkt, sie vorzubeugen. Sie sind in fast jeder Lebenssituation anwendbar. Wichtig dabei ist, dass auf alle Systemgesetze achtgegeben wird. Es kann schnell mal vorkommen, dass versucht wird ein Systemgesetz nicht zu verletzen, dabei jedoch ein anderes Systemgesetz Verletzt. Die Mediation ist zusätzlich noch eine gute Alternative zu Gerichtsverfahren. Ein großer Vorteil hier ist, dass es nicht öffentlich gemacht wird und eine gemeinsame Lösung durch die Konfliktparteien ausgearbeitet wird.

Literaturverzeichnis

Bischop, Dieter, Coachen und Führen mit System, Ludwig Verlag, Kiel 2010.

Fischer, Roger / Ury, William / Platton, Bruce, Das Harvard-Konzept, 24. Auflage, Campus Verlag, Frankfurt am Main 2013.

Mayer, Claude-Hélène / Boness, Christian Martin, Interkulturelle Mediation und Konfliktbearbeitung, Waxmann Verlag, Münster 2004.

Schmelz-Buchhold, Andrea, Mediation bei Wettbewerbsstreitigkeiten, Herbert Utz Verlag, München 2010.

Seils, Gabriele / Oboth, Monika, Mediation in Teams und Gruppen, 4. Auflage, Junfermann Verlag, Paderborn 2005.

Warwel, Doreen, Gerichtsnahe Mediation, Lit Verlag, Frankfurt an der Oder 2005.

Weh, Saskia-Maria / Enaux Claudius, Konfliktmanagement: Konflikte kompetent erkennen und lösen, 4. Auflage, Haufe Verlag, Freiburg im Breisgau 2008.